NOTICE

SUR L'HOTEL DE SOUBISE,

A LILLE,

Par M. le Vicomte DE MELUN,

Membre de la Commission historique du département du Nord.

LILLE,

IMPRIMERIE DE L. DANEL, GRANDE-PLACE.

1848.

NOTICE

SUR L'HÔTEL DE SOUBISE, A LILLE,

Par M. le vicomte DE MELUN.

Les destinées de cet édifice, situé rue Basse, à Lille, et que l'on démolit actuellement pour le percement d'une rue nouvelle, ont été liées à tant de circonstances historiques qu'il nous a semblé intéressant de les rechercher avant qu'il ne soit entièrement disparu.

Appartenant dès le commencement du XIVe siècle à la famille de Verchin (1), il avait été apporté en dot vers 1545 par Yolande de Verchin, dame de Roubaix, dernière héritière de cette illustre famille, à Hugues de Melun, prince d'Épinoy (2) et portait alors le nom d'hôtel de Roubaix. Le pont qui l'avoisine conserve encore cette désignation.

Après la mort d'Hugues de Melun, Pierre son fils aîné, hérita de tous les biens et dignités paternels, devint prince d'Épinoy, connétable héréditaire de Flandre, etc., et Robert, le deuxième fils, à qui, suivant le contrat de mariage de ses parents, devaient appartenir les titres et propriétés de sa mère, et par conséquent l'hôtel situé à Lille, prit le nom de seigneur de Roubaix.

A cette époque, les États-Généraux des Provinces-Unies s'étant soulevés contre Philippe II, roi d'Espagne, par une circonstance singulière, Pierre de Melun se déclara pour les Provinces-Unies et en reçut la commission de Chef et Gouverneur-Général de leurs gens d'armes (3), tandis que le marquis de Roubaix, resté fidèle à l'Espagne, devenait Général en chef de la cavalerie légère, sous le duc de Parme, et Gouverneur des pays de Flandre et d'Artois (4).

Ce fut alors que, pendant que le prince d'Épinoy guerroyait contre les troupes espagnoles commandées par son frère, sa femme Christine de Lalain, assiégée dans la ville de Tournai dont il était le Gouverneur, se montra digne de le remplacer, et vaincue par le

---

(1) Le P. Anselme, *Grands Officiers de la Couronne*, t. V.
(2) Aujourd'hui Carvin-Épinoy, à 18 kilom. de Lille.
(3) Strada, *de Bello Belgico*, livre IV. — Grotius, ann. LIII.
(4) Idem.

nombre, couronna par la plus honorable capitulation une défense héroïque (1).

La victoire étant restée à l'Espagne, Philippe II, de son autorité privée, sans aucun jugement ni condamnation légale, déclara Pierre de Melun criminel de lèse-majesté, et confisqua tous ses biens qu'il donna à son frère le seigneur de Roubaix ; celui-ci n'en jouit pas longtemps, et fut tué un an après par l'explosion d'un brûlot incendiaire au siége d'Anvers en 1585 (2). Strada dit de lui que peu de capitaines eurent plus de courage et de bonheur.

A sa mort, Philippe II, toujours implacable contre le prince d'Epinoy, qui s'était refugié en France, mais dirigé sans doute par cette politique qui, dans ses rigueurs ne voulait pas s'aliéner entièrement des familles trop puissantes, ordonna que tous les biens du défunt passeraient à ses sœurs, dont l'aînée, la comtesse de Berlaimont, mariée en premières noces à Floris de Montmorency, avait vu dans l'espace de deux années son mari et son beau-frère le comte de Hornes mis à mort par ordre du soupçonneux monarque. Elle mourut sans postérité, et sa sœur Anne-Marie de Melun, mariée au prince de Ligne, devint alors seule propriétaire des biens de sa maison, et quelques années plus tard, en 1593, ayant perdu sa mère, elle fut également mise en possession, par la protection de l'Espagne, de tous les biens de la maison de Verchin, quoiqu'ils eussent été légués par Yolande de Verchin à son mari exilé. L'hôtel de Roubaix passa ainsi entre les mains des princes de Ligne.

Cependant Pierre de Melun s'était fait naturaliser (3) en France, et il avait été accueilli avec faveur par Henri IV. Aussi, lorsque après sa mort, la guerre fut terminée entre la France et l'Espagne, ce grand roi fit insérer dans le traité de paix signé à Vervins le 2 mai 1598, un article particulier en faveur des enfants mineurs de Pierre de Melun, dont son ministre Sully était l'oncle et le tuteur.

Cet article abolissait l'effet des confiscations encourues pendant

(1) Ce trait rapporté par Strada et par tous les écrivains qui ont traité de la guerre de Flandre, a été reproduit dans un tableau qui se trouve au Musée de Tournai.

(2) Strada, livre IV, t. II.

(3) La branche d'Épinoy de la famille des vicomtes de Melun, avait quitté la France en 1350, lorsque Hugues de Me'un, fils de Jean, vicomte de Melun, seigneur de Tancarville, et d'Isabelle, dame d'Antoing et d'Épinoy, ayant hérité des biens de sa mère, vint habiter la Flandre. Les autres branches, seigneurs de Tancarville, de la Borde et de Brumetz, restèrent en France. Cette dernière existe seule aujourd'hui. (Le P. Anselme. — D courcelle, *Histoire généal. des Pairs de France*).

la guerre et portait en outre qu'il serait fait bonne et briève justice à la veuve (1) Hippolyte de Montmorency et aux enfants de Messire Pierre de Melun prince d'Épinoy , pour les biens qui leur appartenaient dans le pays du roi catholique.

Mais la princesse de Ligne ayant objecté que la confiscation faite par suite de la révolte des Provinces-Unies ne regardait pas la France, et étant soutenue dans ses prétentions par la cour de l'archiduc, Henri IV chargea en 1600 (2) le président Jeannin et Pithou , Procureur-Général, d'entretenir l'archiduc Albert de cette affaire à laquelle il prenait l'intérêt le plus vif, et de lui remettre à ce sujet un mémoire que Sully avait rédigé lui-même en faveur des princes d'Épinoy.

Henri IV, dans cette circonstance , montra sa générosité naturelle, car il avait eu un grief sensible contre la famille des princes d'Épinoy ; il avait manifesté à Sully le vif désir qu'il éprouvait de marier le duc d'Estrée, Pair et Maréchal de France, frère de *la belle Gabrielle*, avec l'une des filles de Pierre de Melun.

Comme elle était orpheline, Sully écrivit à ses parents qui habitaient presque tous la Flandre; mais la réponse qu'ils firent n'était pas de *ces choses qu'on puisse montrer à un maître*, dit Sully lui-même dans ses mémoires. Aussi répondit-il seulement que les parents de mademoiselle de Melun n'avaient nullement approuvé cette alliance ; le roi insistant, Sully fut obligé de lui montrer les lettres qui prouvaient combien ils étaient peu flattés de la proposition. « Je vois bien, dit ce prince avec quelque colère, qu'il n'y faut plus » penser, ayant affaire à tous ces glorieux sots de Flamands que » vous m'avez nommés. » Effectivement, ajoute Sully, la chose n'alla pas plus loin, Sa Majesté ne s'en étant plus voulu mêler.

Grâces à l'intervention du roi de France , l'archiduc proposa en 1602 une transaction entre les deux familles qui ne rendit à Guillaume de Melun, resté seul héritier de son père , qu'une partie des biens paternels, et laissa ainsi à la princesse de Ligne la seigneurie de Roubaix et l'hôtel de Lille qui en portait le nom.

Cette transaction fut plutôt subie qu'acceptée par les tuteurs du jeune prince ; il fallut bien se contenter de cette concession apparente, puisqu'un refus eût entraîné la perte totale des héritages contestés, placés tous sous la domination espagnole.

(1) C'était la deuxième femme de Pierre de Melun.
(2) Mémoires de Sully.

Mais au traité signé à Anvers, le 13 avril 1609, entre l'Espagne et les États-Généraux des Provinces-Unies, l'article 13 annulant de la manière la plus explicite toutes les confiscations faites à l'occasion des troubles depuis 1567 , et cela nonobstant tout engagement ou transaction particulière, les ambassadeurs d'Angleterre, de l'Archiduc et des États-Généraux déclarèrent que les enfants du prince d'Épinoy étaient compris dans cet article, et qu'ainsi ils devaient rentrer dans tous leurs biens malgré la transaction faite avec la princesse de Ligne par leurs tuteurs.

Les États-Généraux rendirent en outre une ordonnance le 7 octobre , décidant que le prince d'Épinoy jouirait des biens du prince de Ligne dans toute l'étendue de leur territoire jusqu'à ce qu'il eût rendu à leur protégé ce qu'il retenait illégalement.

Celui-ci, tout puissant à la cour d'Espagne, chercha à obtenir un nouvel ajournement. Henri IV fut encore obligé d'intervenir auprès de l'Archiduc peu disposé à faire rentrer le fils du proscrit dans des droits que cependant il avait reconnus par son ambassadeur. Le roi lui écrivit lui-même une lettre pour se plaindre des obtacles apportés à l'exécution d'un article aussi positif. Après une assez longue discussion, où il établit la justice de la cause dont il se fait le défenseur, il veut bien descendre auprès de l'Archiduc à des instances réitérées et termine en se déclarant caution de l'obéissance, et de la fidélité du prince d'Épinoy. Il avoue dans le corps de la lettre que celui-ci aurait acheté volontiers la paix avec sa tante au prix de quelque concession, mais qu'il a été le premier à lui conseiller de ne pas entrer en arrangement avec elle tant qu'elle se montrerait si exigeante. Toute cette lettre n'est pas d'un roi mais d'un ami, ajoute Sully dans ses mémoires (1), dont nous extrayons ces détails ; et dans presque toutes celles que Villeroy et Jeannin écrivaient par ordre du roi au conseil des États, il y avait un article d'instances sur cette affaire. Ce fut alors que le prince de Ligne proposa un nouvel arrangement, qui fut consenti en 1610 par MM. de Sully et de Montmorency, tuteurs de Guillaume de Melun. Il cédait tous les biens de la maison de Melun, sauf la baronnie d'Antoing, dont il devait rembourser la valeur, mais il se réservait toujours l'héritage de Verchin et ne se dessaisit pas dès-lors des terres et de l'hôtel de Roubaix.

Guillaume de Melun, alors mineur, âgé de 20 ans, protesta con-

____

(1) Mémoires de Sully, t. VII, livre 27.^e

tre cette transaction, qui, cependant, au dire de Sully, lui rendait 120,000 livres de rentes et fut approuvée par lettres patentes du roi Louis XIII, des États-Généraux et du roi de la Grande-Bretagne.

A sa majorité, il renouvela sa protestation et refusa d'exécuter l'arrêt du conseil des Archiducs, qui lui prescrivait la vente de la baronnie d'Antoing ; il n'y acquiesça que longtemps après, lorsque la guerre recommencée entre l'Espagne et les Provinces-Unies lui fit appréhender une nouvelle dépossession.

Guillaume mourut en 1635, et ses enfants durent ajourner leurs réclamations, qui auraient été d'autant moins écoutées que leur père, dans la dernière année de sa vie, par suite de la haine que son nom excitait en Espagne, fut exilé (1), comme leur aïeul, du pays de Flandre, où il était revenu s'établir dans un château près de Mons, appartenant à sa femme Ernestine d'Aremberg.

Elles furent reprises pendant les conférences pour la paix de Munster et confirmées par ce traité célèbre qui, en reconnaissant l'indépendance des Provinces-Unies, annula de nouveau les confiscations, suites des troubles qui l'avaient préparée et tous les effets qu'elles avaient pu produire.

La guerre continuée entre la France et l'Espagne rendit encore nulles ces stipulations, et le traité des Pyrénées, en novembre 1659, confirmant celui de Vervins et proclamant tous leurs droits, ne purent faire rentrer les descendants de Pierre de Melun dans des biens relevant d'un pays où leur adversaire était en faveur, et où l'on n'avait pas oublié l'origine de la contestation.

Il fallut une nouvelle guerre et un nouveau traité de paix pour leur ouvrir les portes d'un hôtel que des actes qui avaient disposé de provinces entières et créé même des nations, n'avaient pu leur rendre.

La conquête de Lille et de tout le pays où étaient situés les biens en litige, fut assurée à la France en 1668 à Aix-la-Chapelle. Le Prince d'Épinoy, qui semblait aussi de son côté marcher en même temps que le roi à la conquête de son héritage, et avait eu dans cette campagne le bras fracassé d'un coup de canon, demanda à Louis XIV après la victoire, les restitutions vainement réclamées depuis si longtemps.

Le roi ordonna à M. Lepelletier, Intendant de Flandre, d'exami-

(1) *Vie de mademoiselle de Melun*: Paris, 1687.

ner sa requête; ses droits furent reconnus légitimes et il fut mis en possession du patrimoine de ses ancêtres et particulièrement des terres d'Antoing, de Cysoing (1), de Roubaix et de l'hôtel de ce nom, qui prit dès-lors le nom d'hôtel de Melun.

A Nimègue et à Riswyk, les princes de Ligne firent à leur tour de vaines protestations. Alexandre Guillaume de Melun jouit paisiblement de l'immense fortune et de tous les titres possédés par ses pères, et mourut en 1679 à son château d'Antoing. Son corps fut porté aux Jacobins de Lille, où il habitait souvent l'hôtel de Melun, qu'il transmit à son fils (2).

Mais le sort de cet édifice, dont bientôt il restera à peine quelque vestige, semblait alors lié à toutes les chances qui agitent les grands empires, et les droits de deux familles devaient toujours se décider au seul tribunal qui juge les rois (3).

Ils subirent encore les vicissitudes diverses de la guerre de la succession d'Espagne ; seulement, à cette époque les rôles étaient intervertis. L'Espagne, qui avait proscrit Pierre de Melun et ses descendants, était l'alliée de la France leur protectrice, et les Provinces-Unies, pour qui ils avaient encouru une si longue disgrâce, se prononçaient contre eux.

En 1708, après la prise de Lille, défendue par le maréchal de Boufters, le prince Eugène, Général en chef des armées coalisées, occupa l'hôtel de Melun (4) ; et bientôt les États-Généraux dépossédèrent provisoirement, en faveur du prince de Ligne, Louis de Melun, des biens dont sa maison jouissait depuis 40 ans. Les armes de Melun furent grattées à Antoing et à Lille et remplacées par celles de leurs adversaires. Le traité d'Utreck, par les articles 11 et 15, remit les choses dans l'état où elles étaient avant la guerre. Mais tout ne fut pas encore terminé : il était écrit que ces propriétés suivraient jusqu'à la fin le sort des provinces dont elles faisaient partie, et changeraient de propriétaires comme de drapeaux. La terre d'Antoing appartenait au Tournaisis qui était rendu à l'empereur, tandis que les autres biens étaient de la châtellenie de Lille devenue française.

Pour mettre fin à des contestations encore renouvelées et qui

---

(1) Par ce fief, il était haut justicier de l'État de Lille.

(2) La princesse d'Epinoy posa, vers cette époque, à Lille, la première pierre de l'église des Carmélites.

(3) *Ultima ratio regum.*

(4) Manuscrit sur le siége de Lille.

duraient depuis 140 ans, Louis de Melun, d'après les ordres du roi et de l'empereur, consentit en 1721, de concert avec le prince de Ligne, à nommer pour arbitres le cardinal de Rohan et le prince d'Aremberg, qui décidèrent que la seigneurie d'Antoing reviendrait à la maison de Ligne, et que les autres terres et l'hôtel de Melun resteraient en la possession du prince d'Épinoy.

Cette fois, ce ne fut plus une volonté humaine qui fit appel de cette décision. Les princes de Ligne possédent encore Antoing; mais cet héritage, si longuement contesté, acquis par tant de traités et de transactions et par l'intervention de puissances si diverses, ne devait pas rester dans la famille qui avait eu tant de peine à le recouvrer. Le 13 juillet 1724, le duc de Melun, rentré dans la possession des biens et titres de ses ancêtres, auxquels il avait ajouté la dignité de duc et pair de France (1), est tué à Chantilly en chassant le cerf avec le roi (2) et meurt sans enfants à l'âge de 30 ans. Son corps est rapporté à Lille dans l'église des Dominicains où lui fût érigé un magnifique tombeau (3). Il lègue par son testament une partie de ses biens au comte de Melun son cousin, à qui le roi accorda son régiment de cavalerie. Mais toutes ces terres de Flandre, Épinoy, Cysoing, Roubaix, et l'hôtel de Melun passent aux enfants de sa sœur Anne-Julie de Melun, gouvernante des enfants de France, mariée en 1714 à Louis de Rohan, prince de Soubise, et qui (4) mourut également à la fleur de l'âge, la même année que son frère et que son mari. Par cet héritage, son fils, qui fut le maréchal de Soubise, père de la dernière princesse de Condé, trop célèbre par la bataille de Rosback et ses fastueuses prodigalités, devint prince d'Épinoy, etc., haut-justicier de Lille et propriétaire de l'hôtel de Melun, qui prit alors le nom d'hôtel de Soubise, sous lequel il était connu dans ces derniers temps.

Le prince de Soubise devint gouverneur de Lille en 1751, après la mort du duc de Boufflers, petit-fils du célèbre maréchal. Il ne résida pas souvent dans son gouvernement et fut remplacé à l'an-

(1) Il était prince d'Épinoy, marquis de Roubaix, comte de Saint-Pol, vicomte de Gand, premier pair et connétable héréditaire de Flandre, sénéchal du Hainaut, marquis de Rombeck, seigneur de Cysoing, Verchin, etc.; châtelain de Bapaume, prévôt héréditaire de Douai, lieutenant-général de la province de Picardie, maître-de-camp du régiment royal de cavalerie, et en 1714, duc et pair de France.

(2) Lettre de Voltaire à la présidente de Bernières; août 1724.

(3) Millin, *Antiquités de France.*

(4) *Gazette de France,* année 1724.

cien hôtel de Melun, vers 1776, par le prince de Robecq, commandant militaire de la province de Flandre. Dès 1756, il l'avait vendu à M. le chevalier Ingiliard Deswatines, qui le transmit par héritage à la famille Deforest de Quartdeville, résidante à Douai.

L'hôtel de Soubise fut témoin, en 1782, des fêtes remarquables que donna le prince de Robecq on l'honneur de la naissance du fils de Louis XVI. Le prince le quitta plus tard pour émigrer hors de France et il devint alors le siége du tribunal révolutionnaire.

Après la terreur, il fut occupé par son nouveau propriétaire, M. Charles Lefebvre, qui l'avait acquis à titre d'échange, le 10 floréal an IV, de la famille Deforest de Quartdeville. Il vient d'être vendu par les fils de M. Lefebvre, et l'on est occupé à démolir les bâtiments (1) pour percer une nouvelle rue qui sera appelée *rue de Soubise.*

Telle fut la destinée d'un édifice dont bientôt il ne restera plus aucun vestige. Au reste, son histoire est celle de ce monde, où tout se transforme et passe. Les grands noms qui l'ont illustré, les puissances mêmes qui, à diverses époques, ont pris un si vif intérêt à sa possession, n'ont pas moins subi de vicissitudes que ces pierres qui vont disparaître. La domination de Philippe II et des archiducs s'est retirée bien loin des murs où elle commandait en maître. Les Provinces-Unies ne songent guère à discuter nos titres de propriété, et si nous voulions nous reporter à l'intervention si efficace de Henri IV et de Louis XIV, nous aurions à signaler bien d'autres décadences.

Comment nous étonner maintenant que l'hôtel des princes d'Épinoy se démolisse et que les noms de tant de titres et dignités qu'ils possédaient en Flandre ne soient pas même restés lisibles sur la pierre brisée de leurs tombeaux (2) ?

(1) Ces bâtiments n'offraient aucune trace remarquable d'antiquité, ayant été presque tous reconstruits dans le dernier siècle.

(2) Le magnifique tombeau érigé au duc de Melun a été détruit avec l'église qui le renfermait, et quelques-uns de ses débris, qui avaient été achetés pendant la révolution par un *fripier* de Lille, ont été recueillis dans les jardins du château de Fournes.

Lille. Imp. de L. Danel.